How To Draw Cats : Pencil Drawings Step By Step Book 1

Pencil Drawing Ideas for Absolute Beginners

By Gala Publication

Published By:

Gala Publication

ISBN-13: 978-1515185550
ISBN-10: 1515185559

©Copyright 2015 – Gala Publication

Table of Contents

Cat

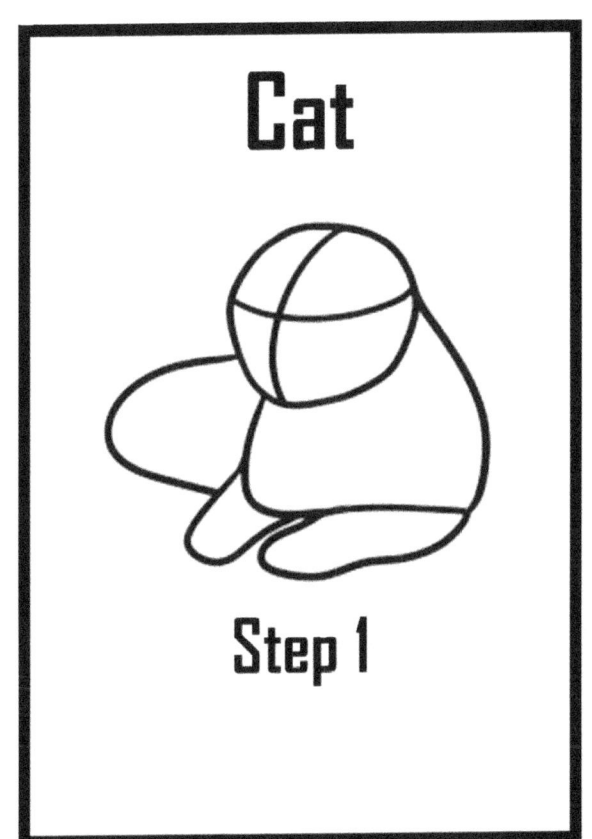

Step 1

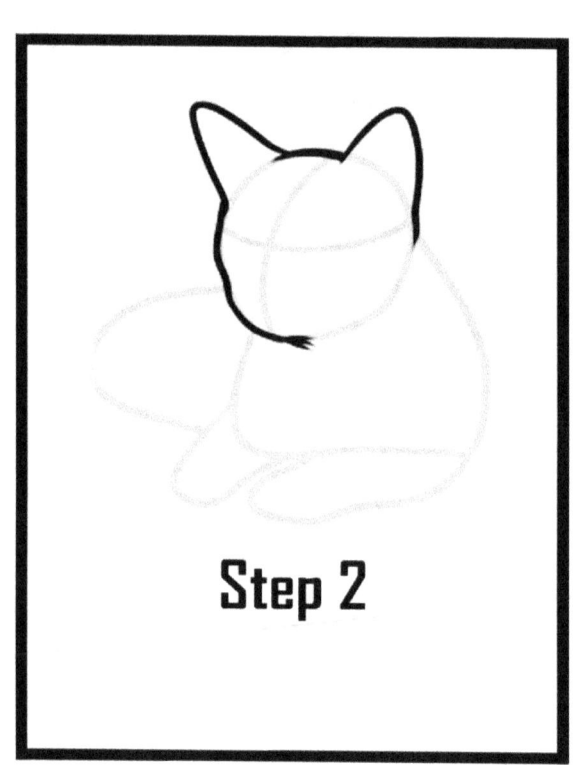

Step 2

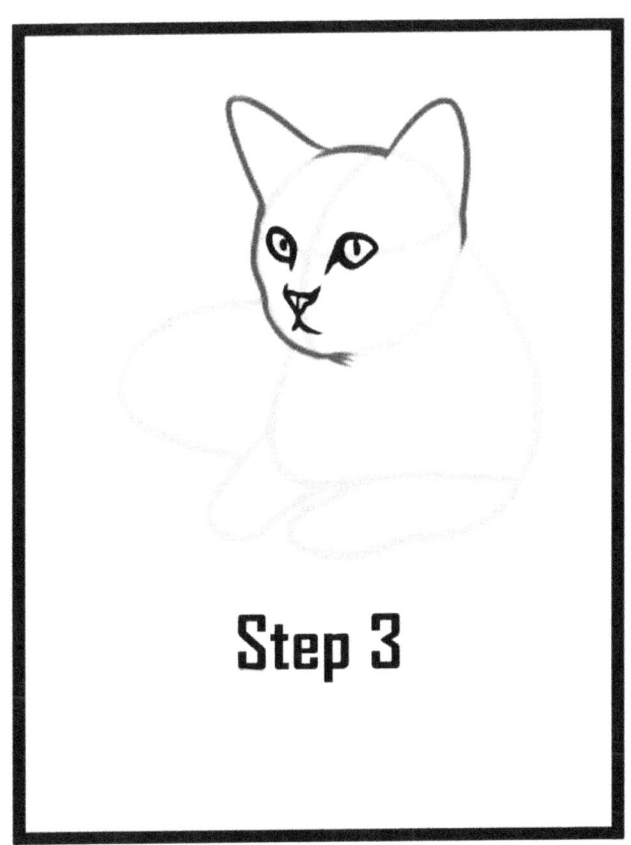

Step 3

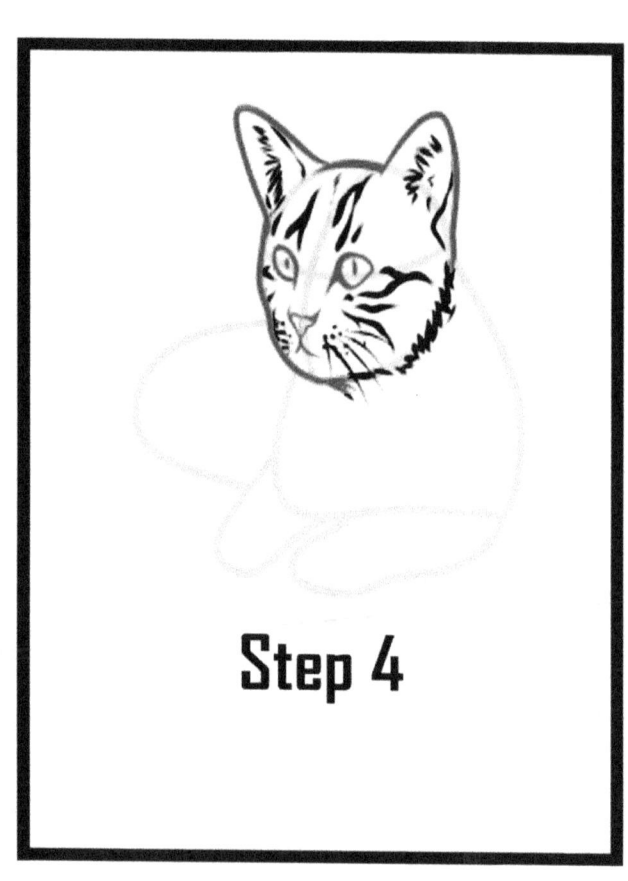

Step 4

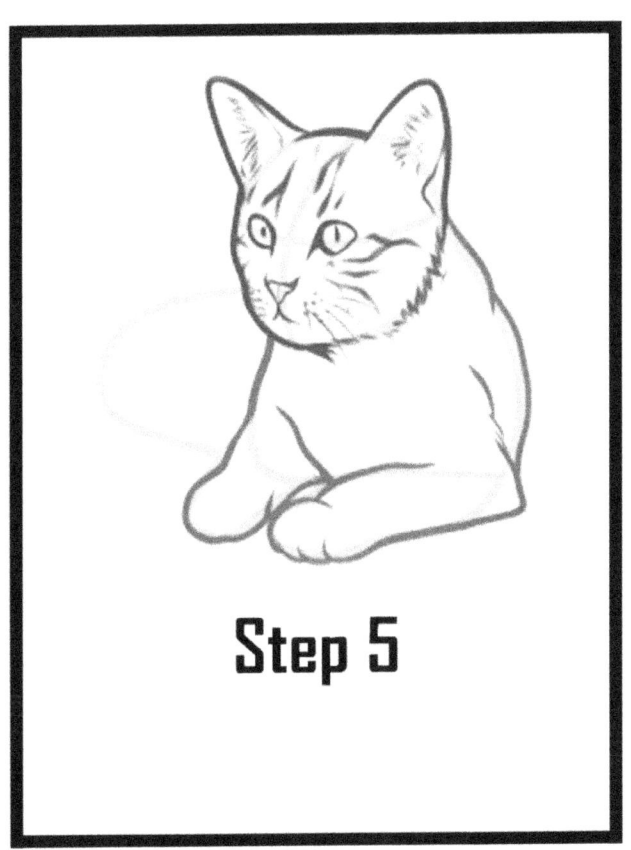

Step 5

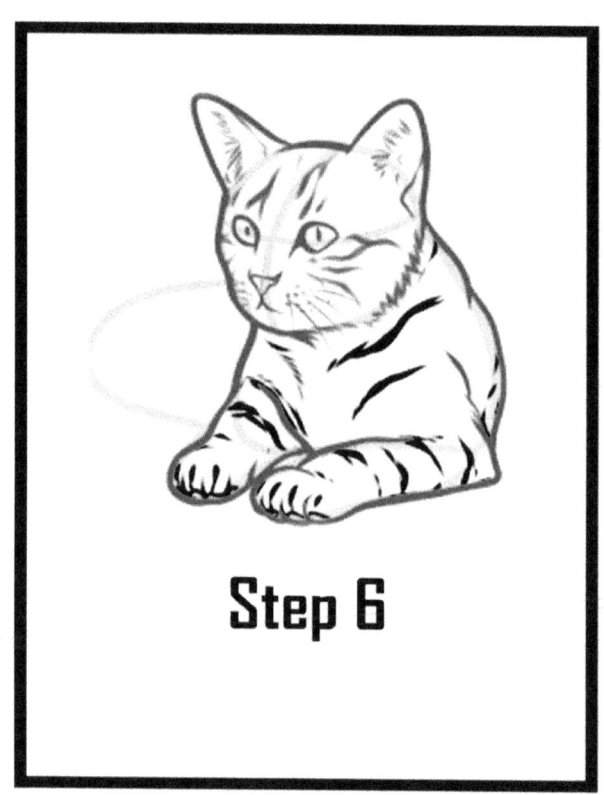

Step 6

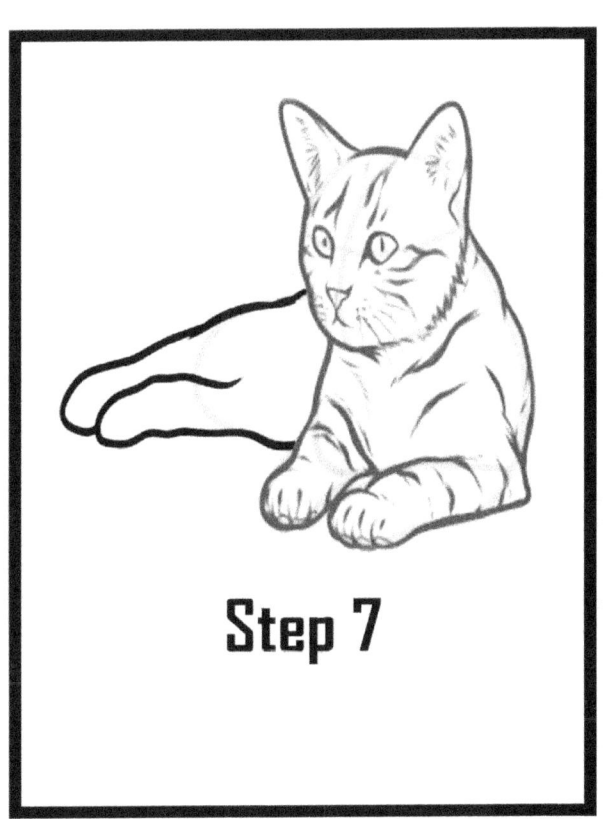

Step 7

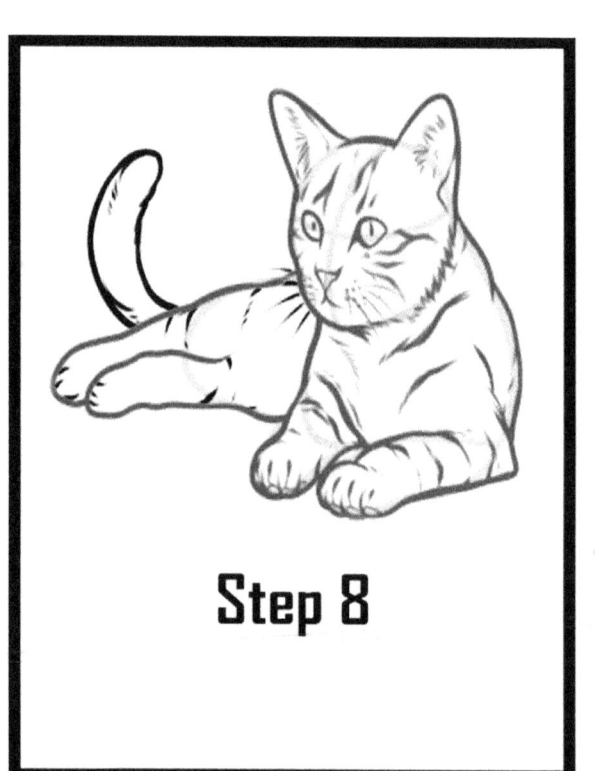

Step 8

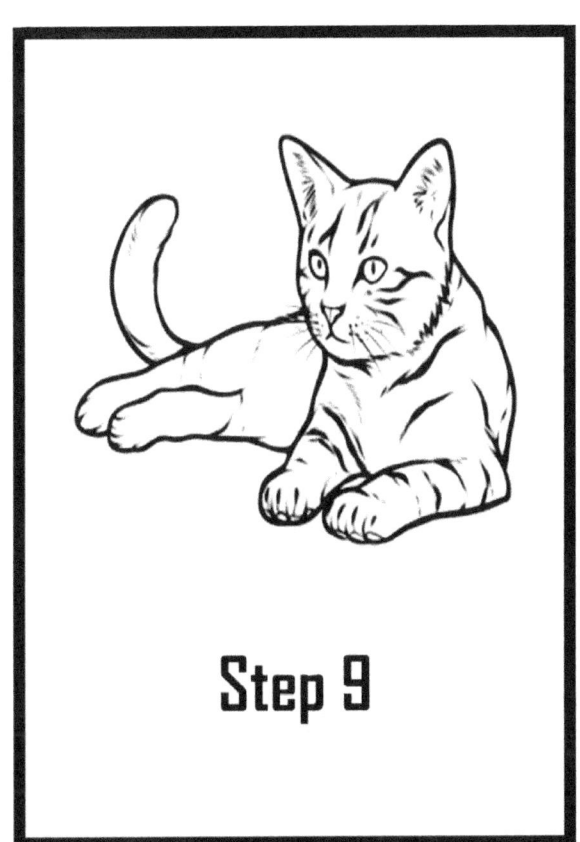

Step 9

Candy the Cat

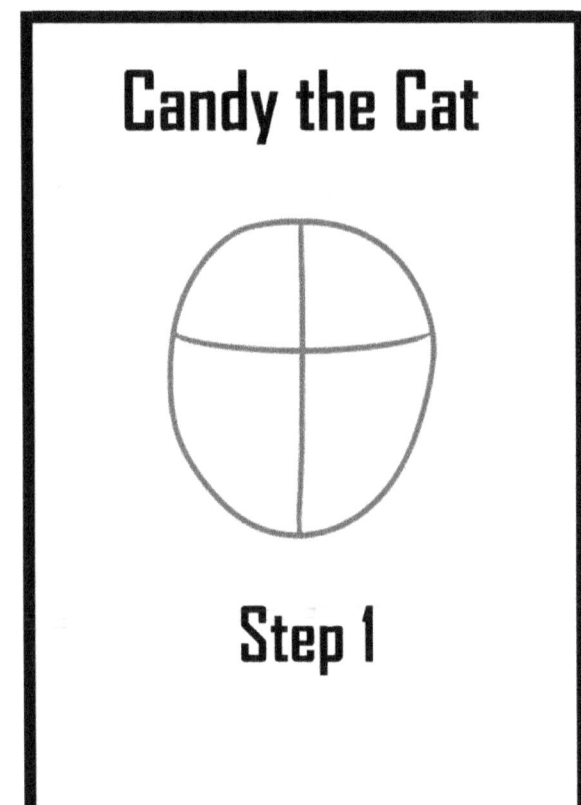

Step 1

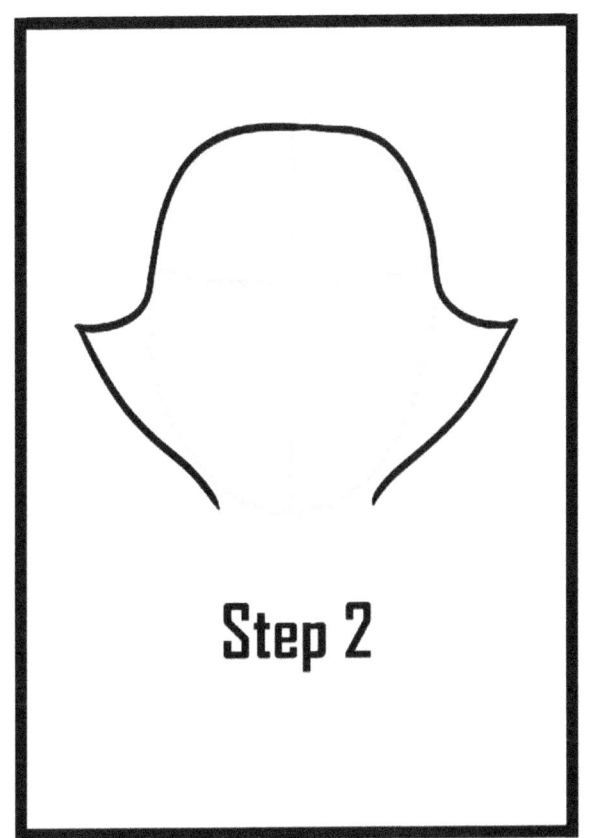

Step 2

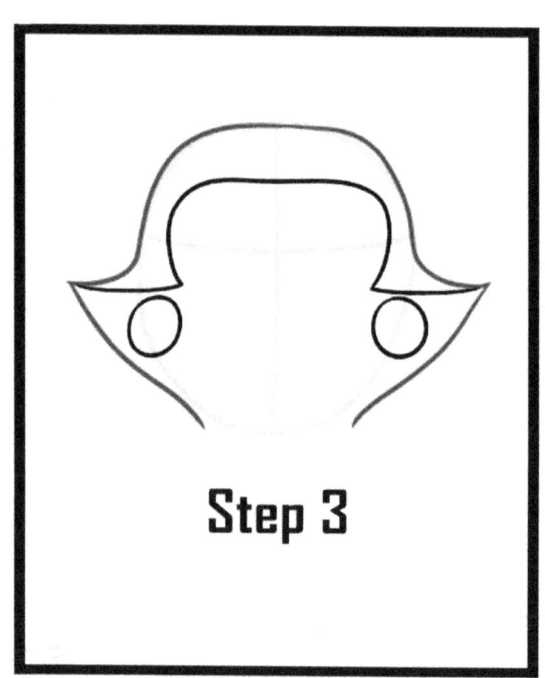

Step 3

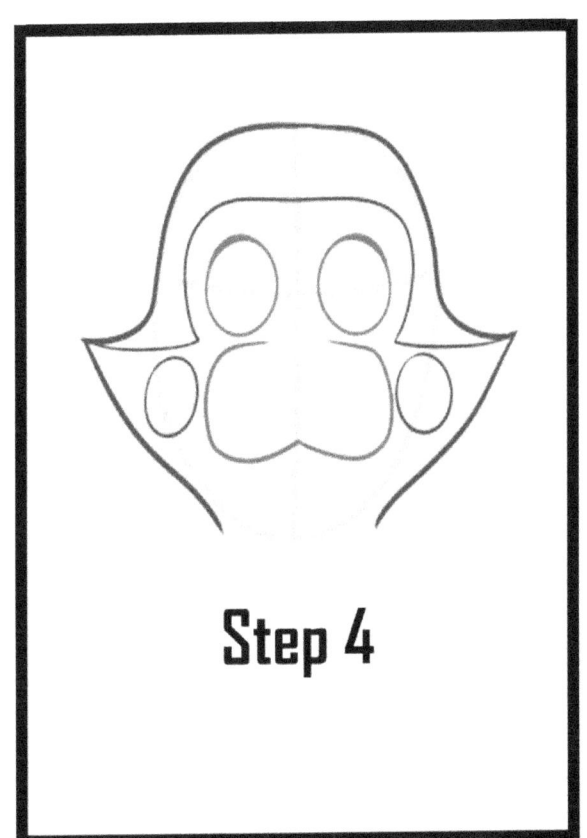

Step 4

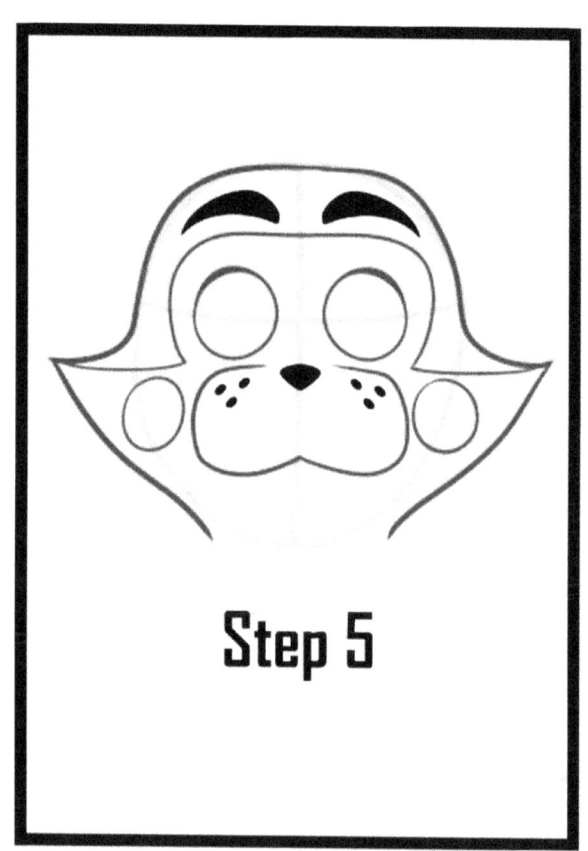

Step 5

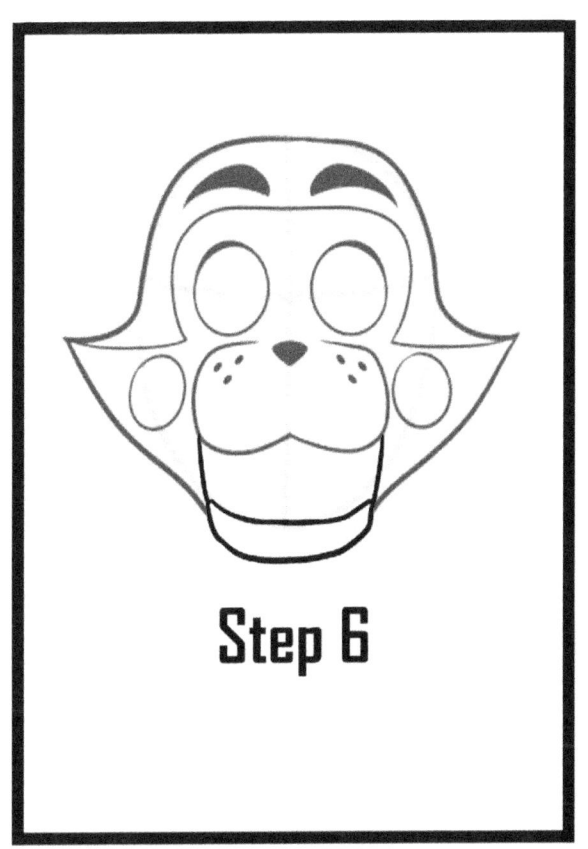

Step 6

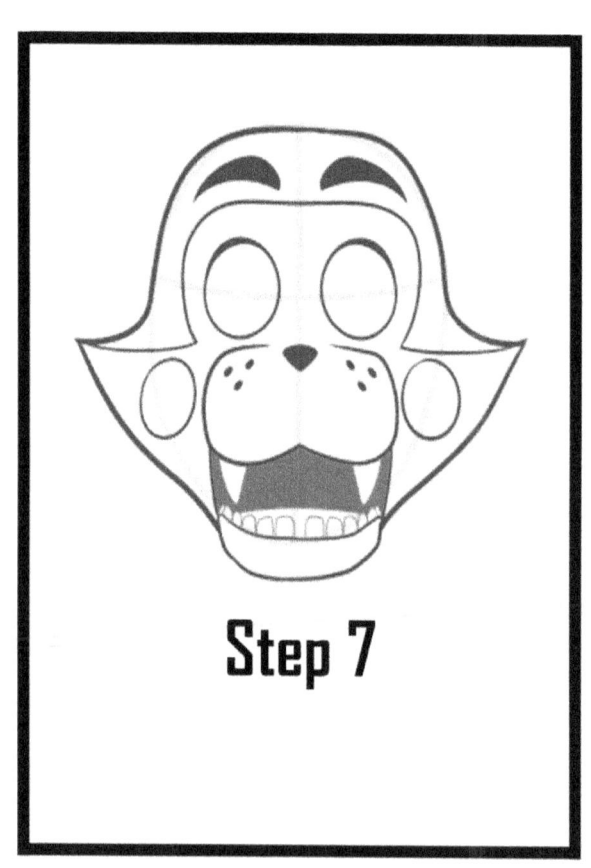

Step 7

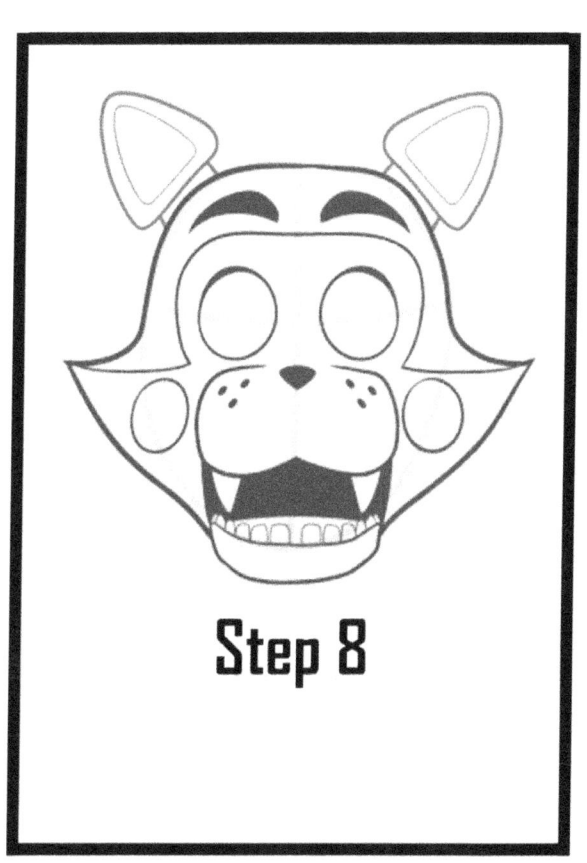

Step 8

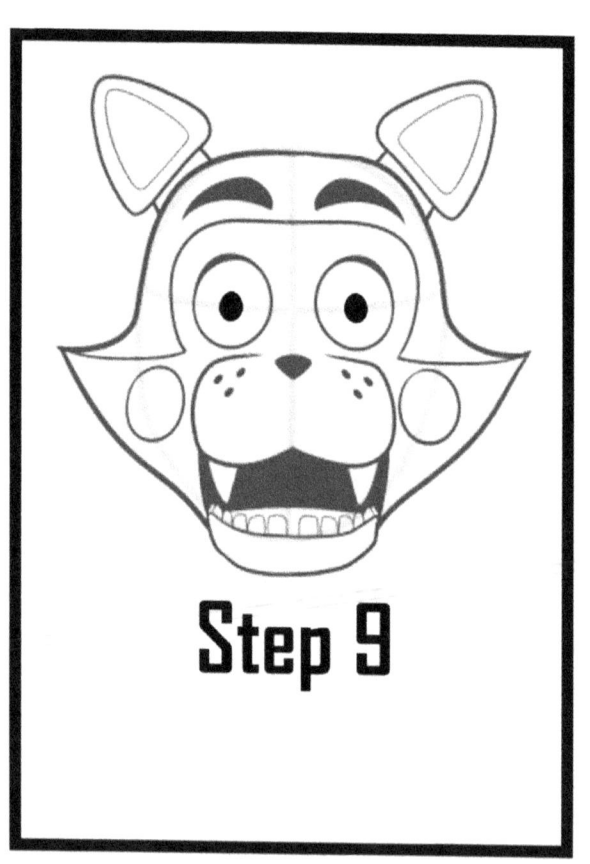

Step 9

Cartoon kitty

Step 1

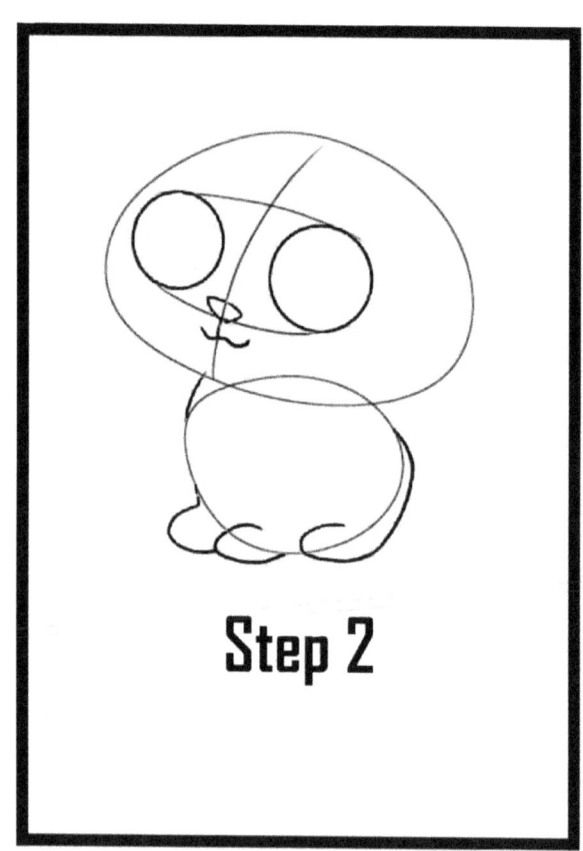

Step 2

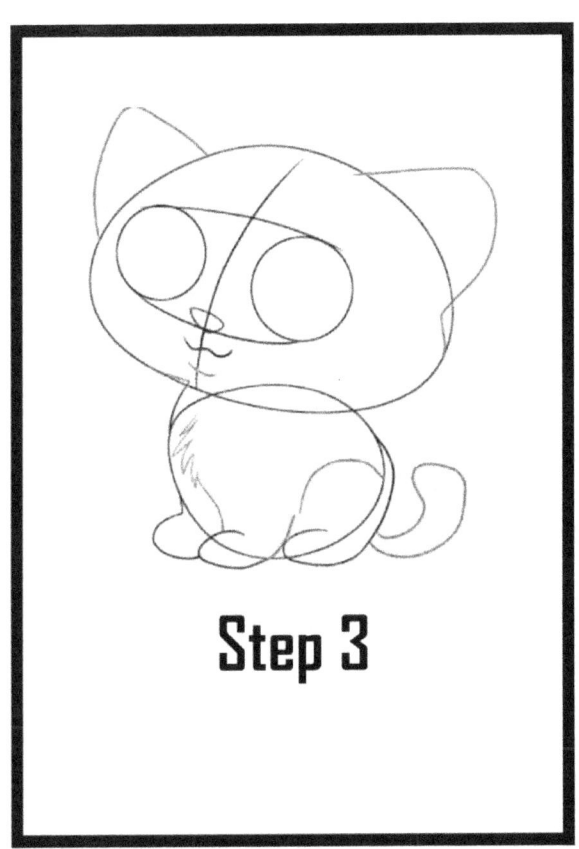

Step 3

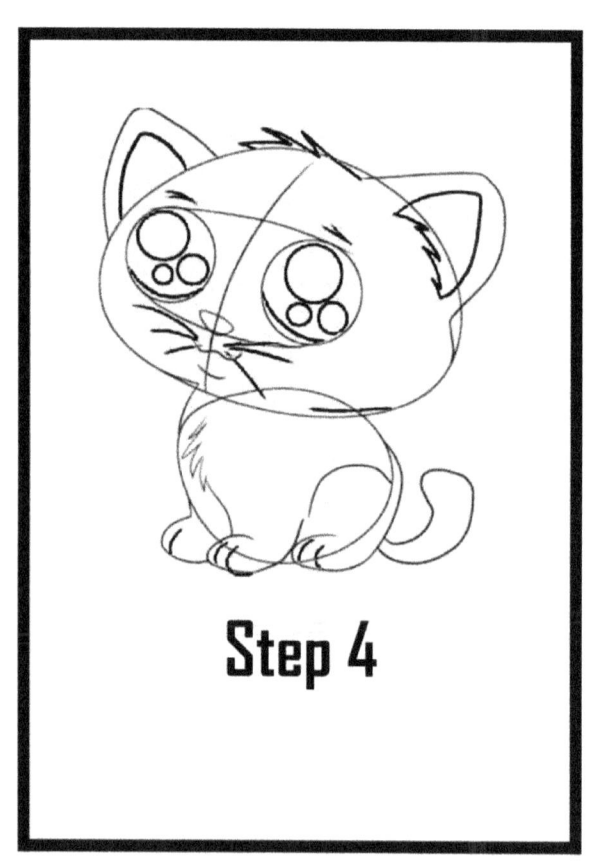

Step 4

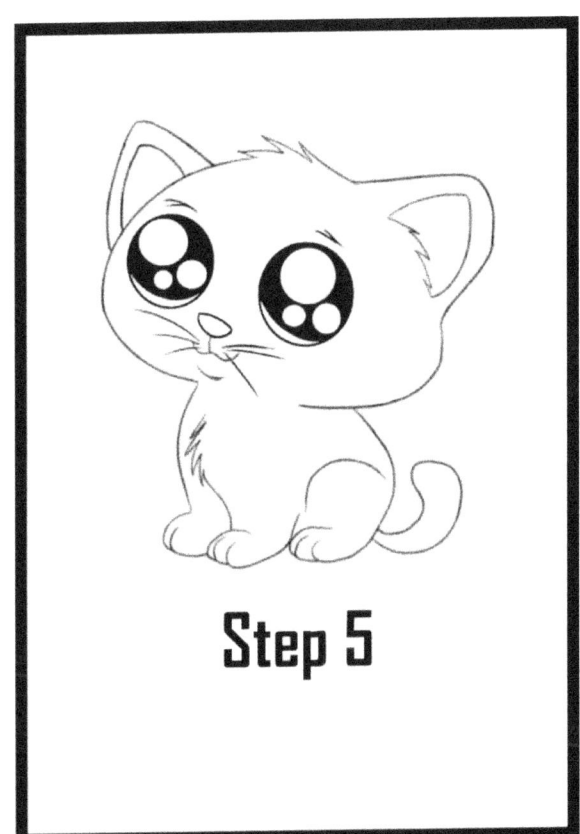

Step 5

Funny Cat

Step 1

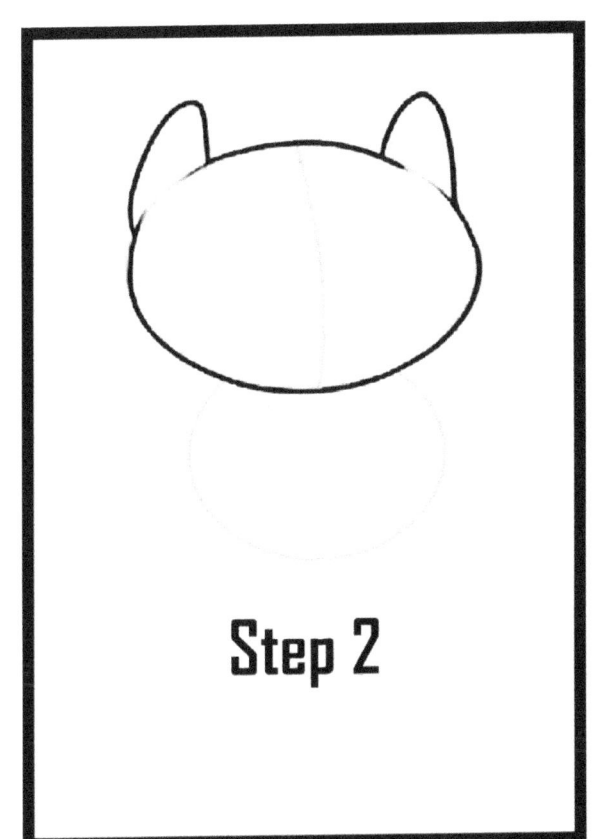

Step 2

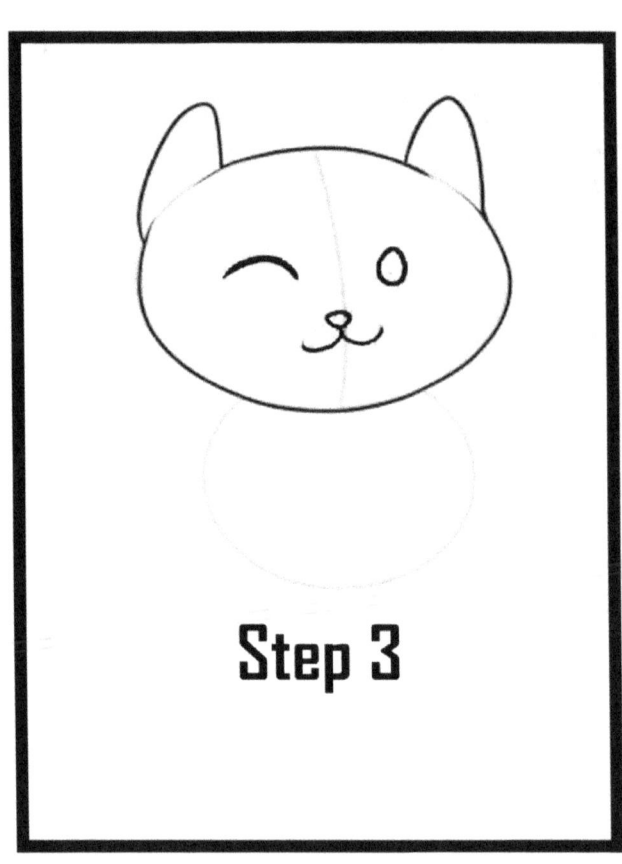

Step 3

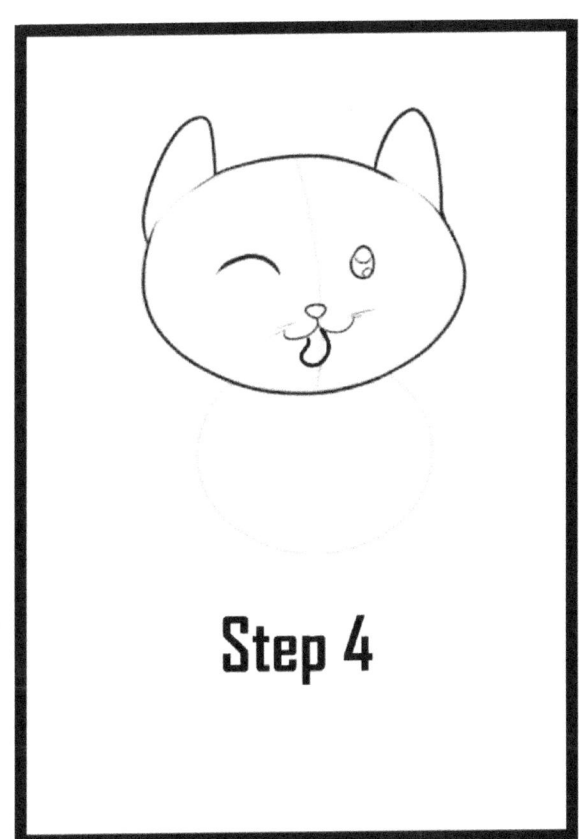

Step 4

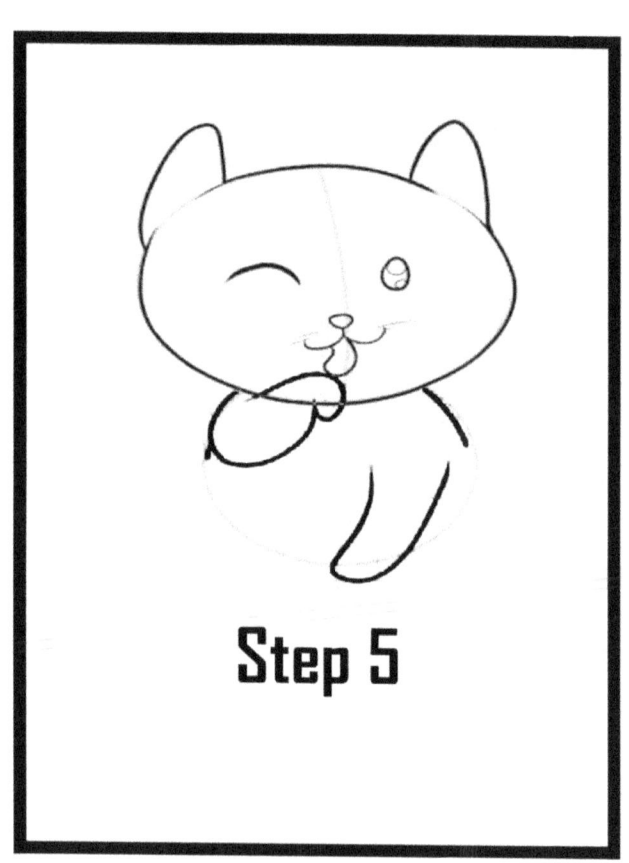

Step 5

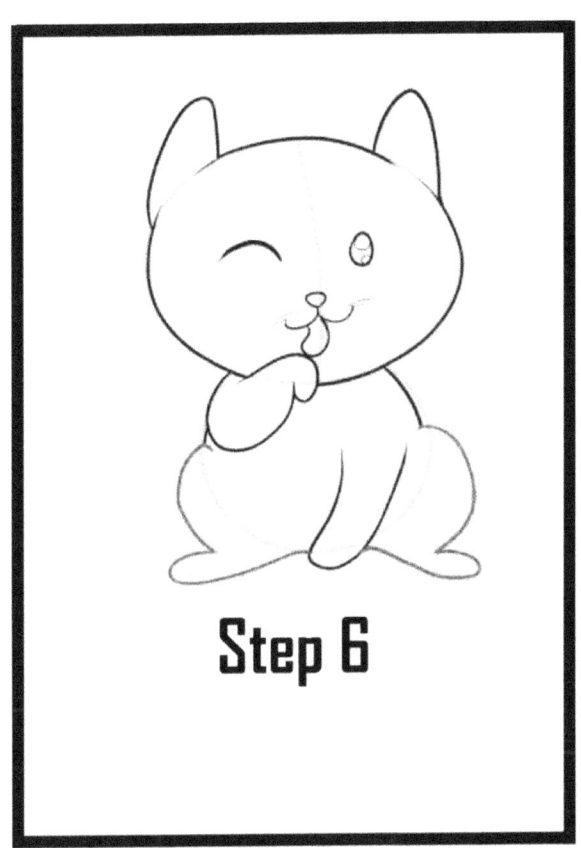

Step 6

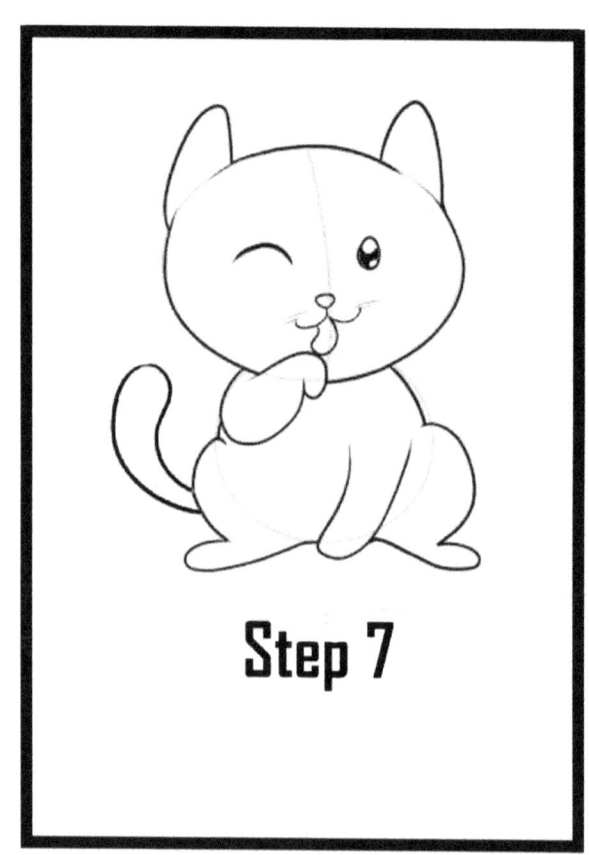

Step 7

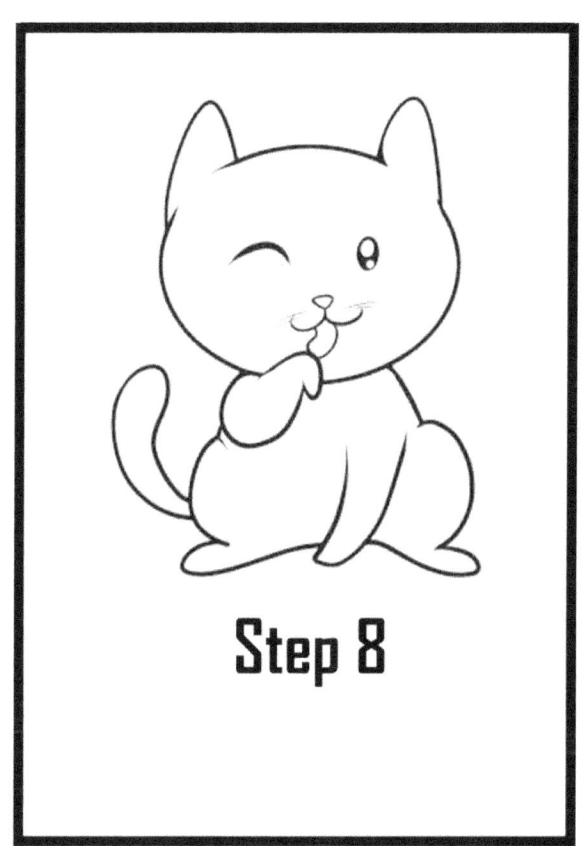

Step 8

Chibi Grumpy Cat

Step 1

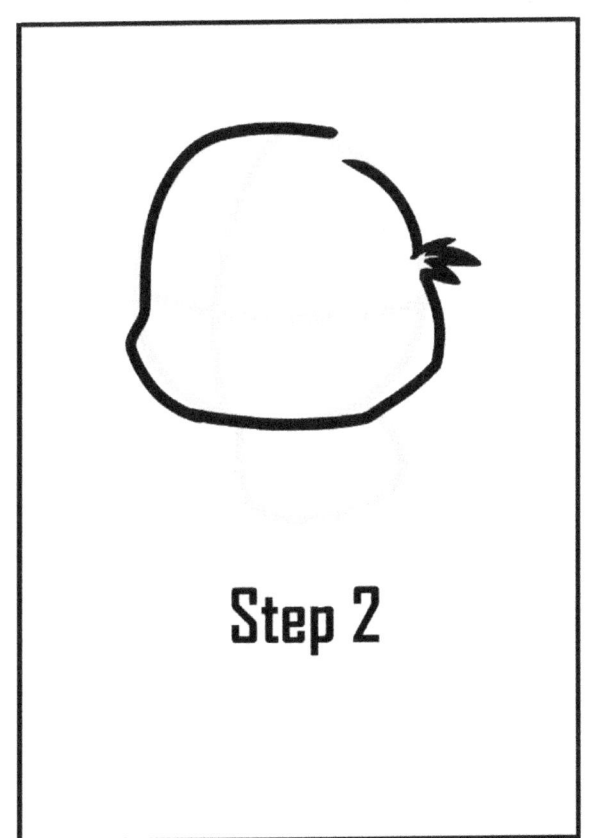

Step 2

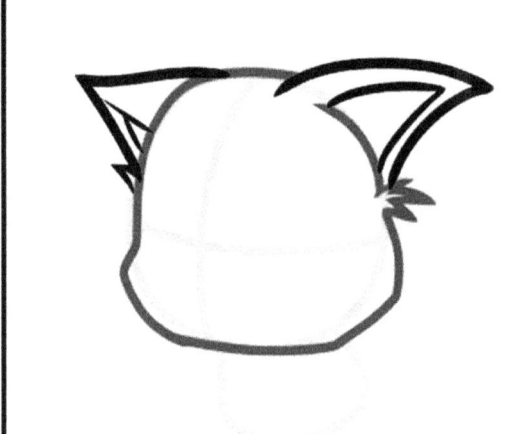

Step 3

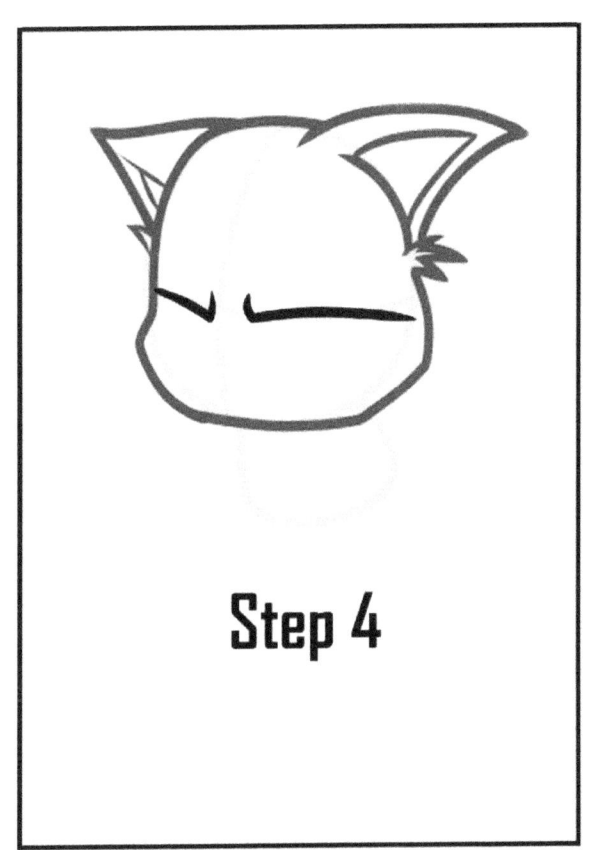

Step 4

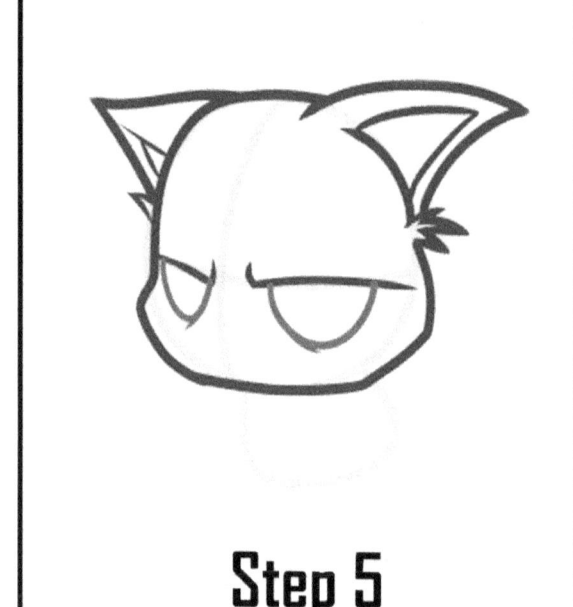

Step 5

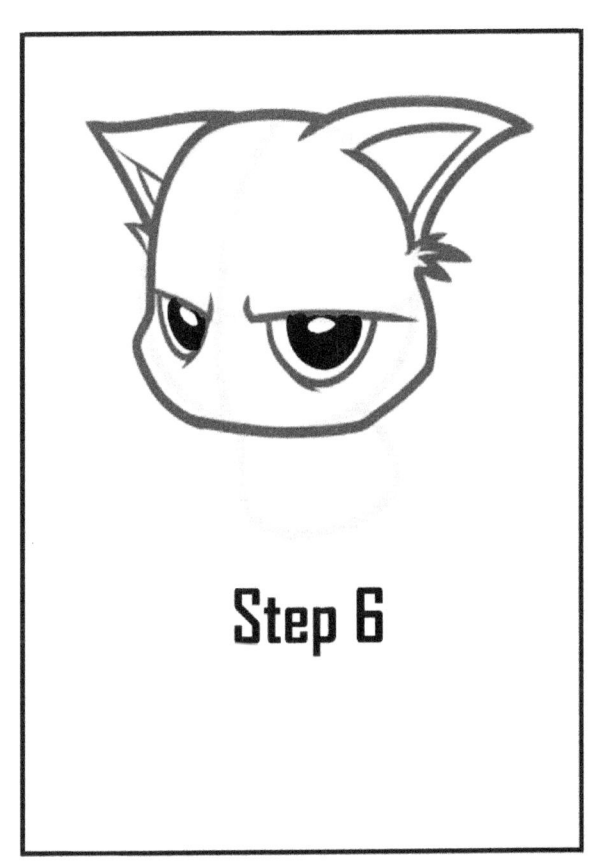

Step 6

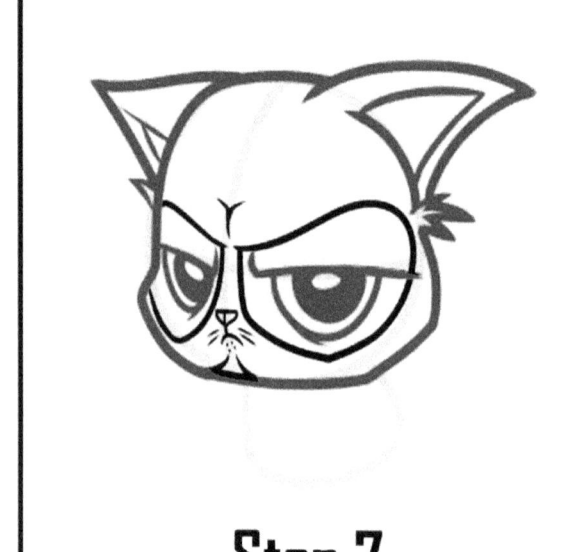

Step 7

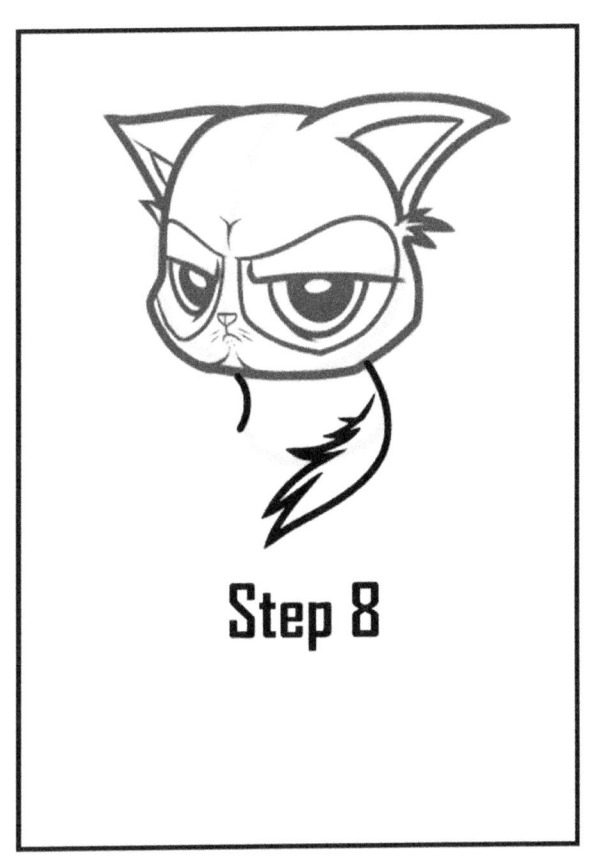

Step 8

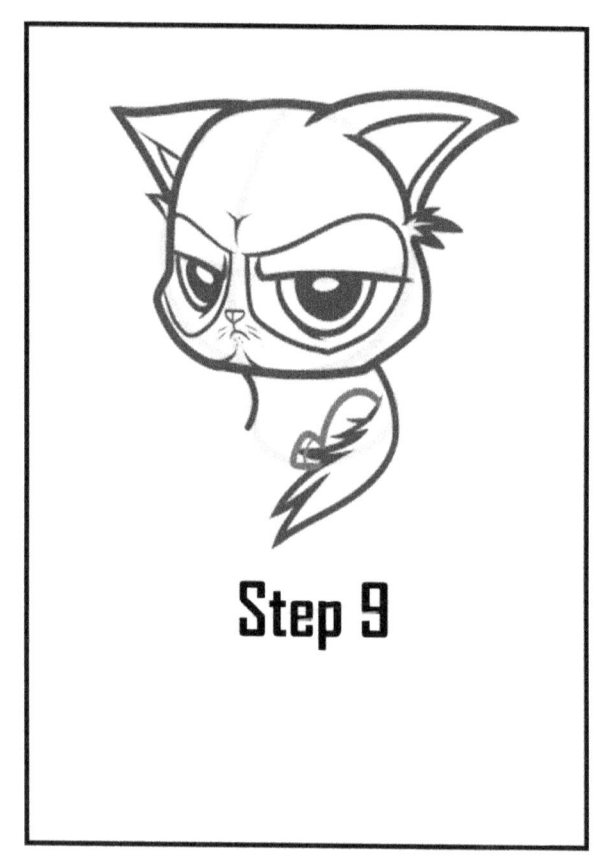

Step 9

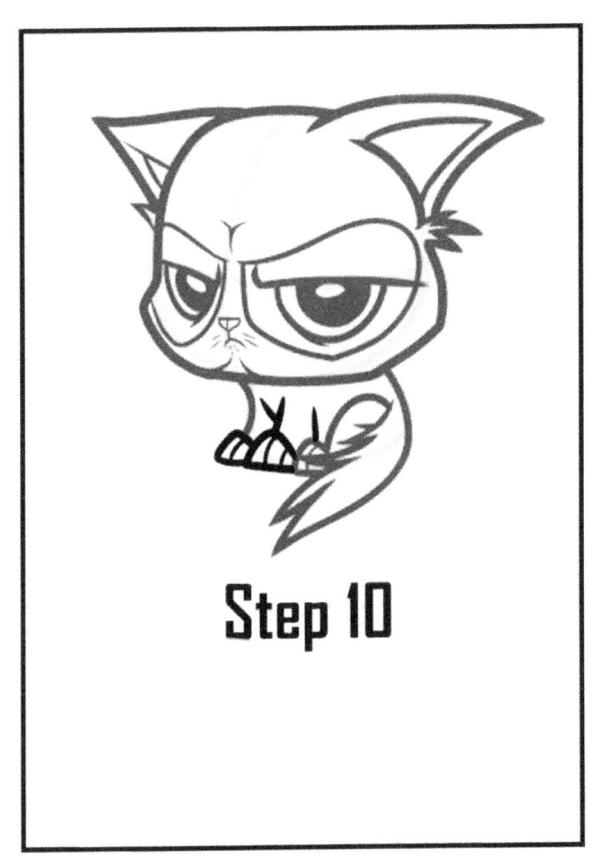

Step 10

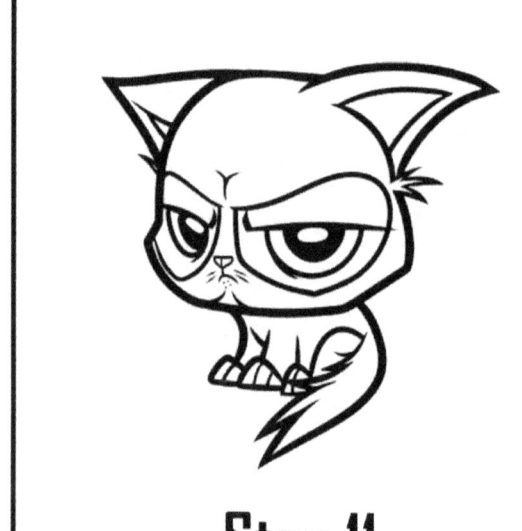

Step 11

Cookie Cat

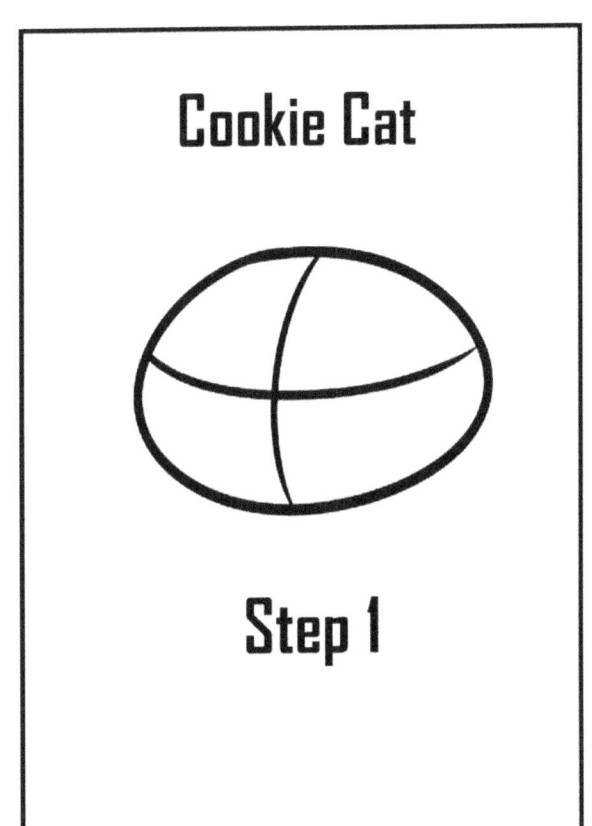

Step 1

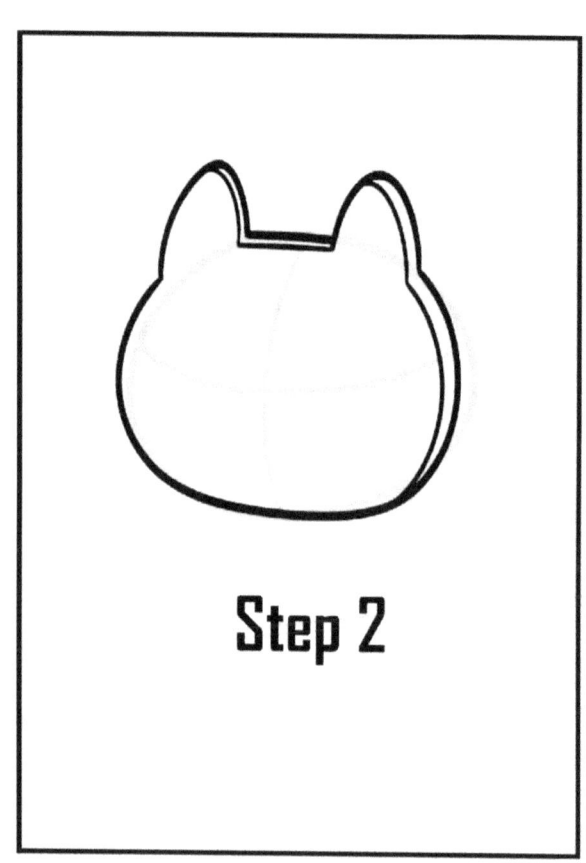

Step 2

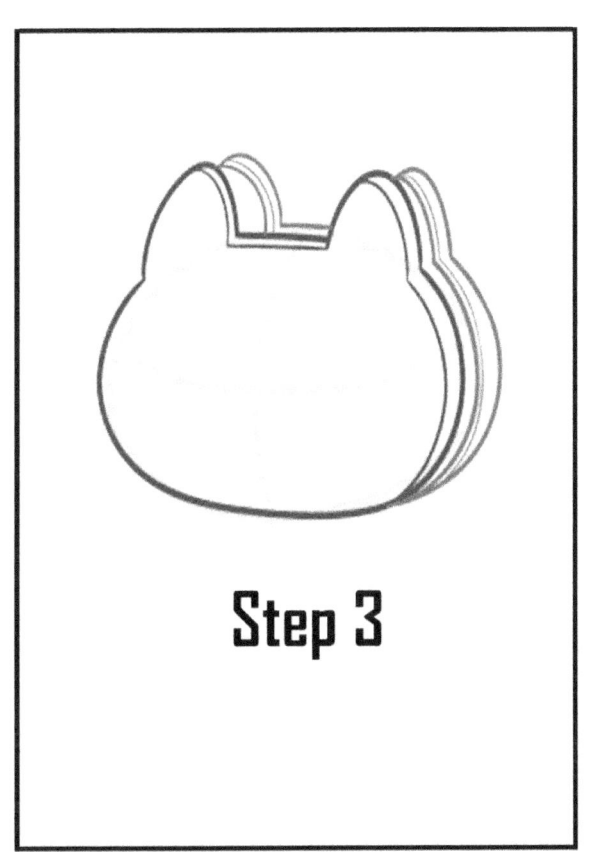

Step 3

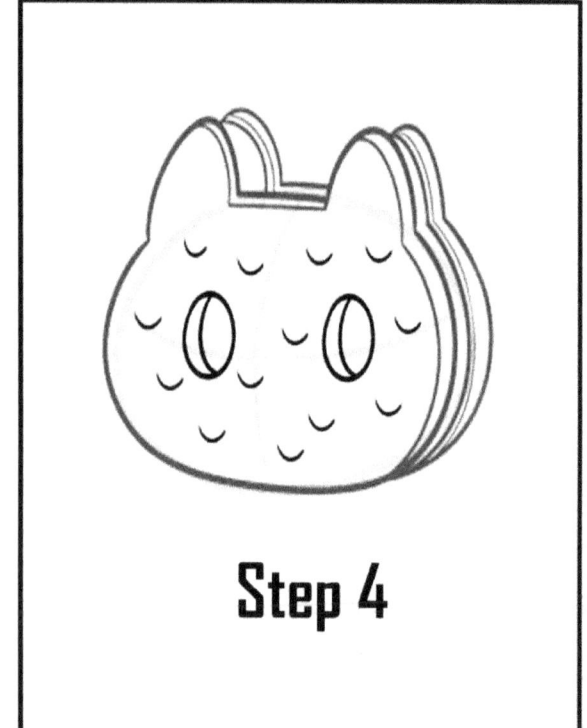

Step 4

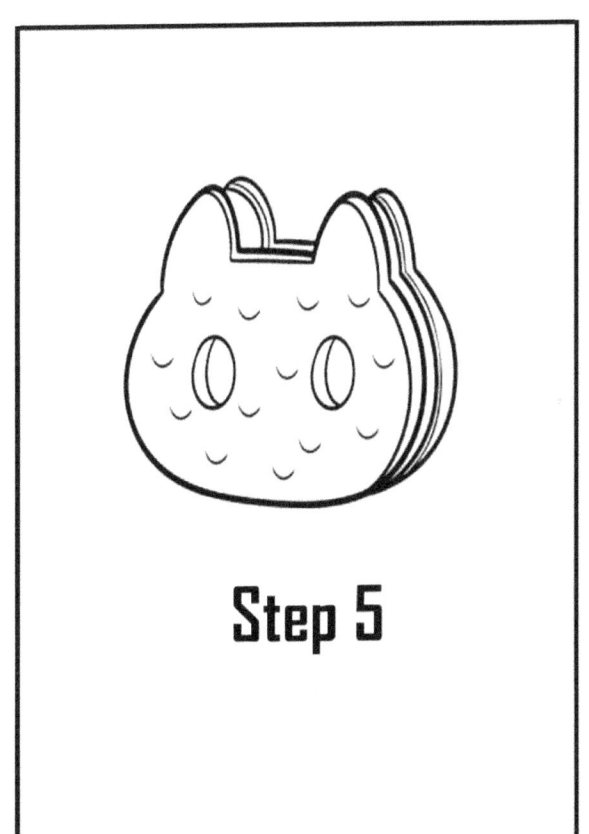

Step 5

Cute Anime Cat

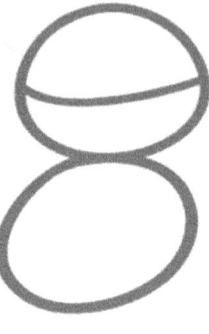

Step 1

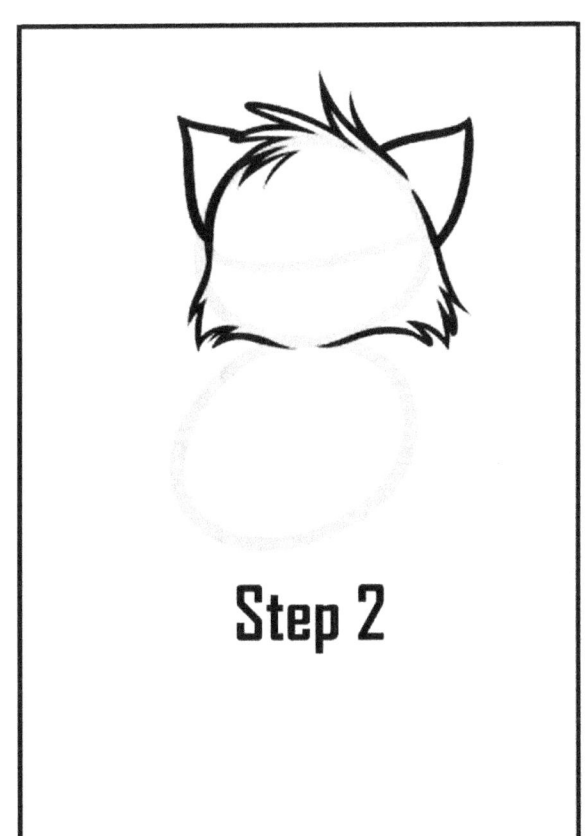

Step 2

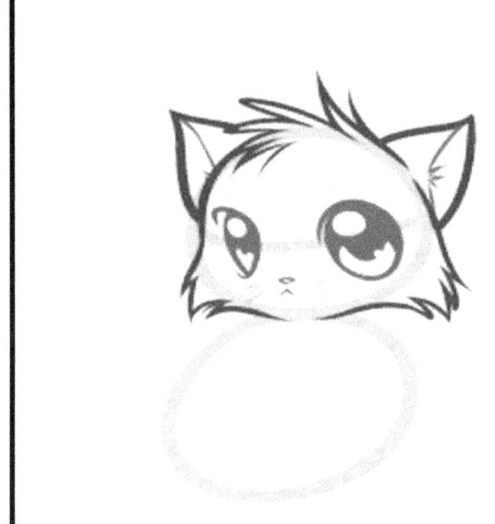

Step 3

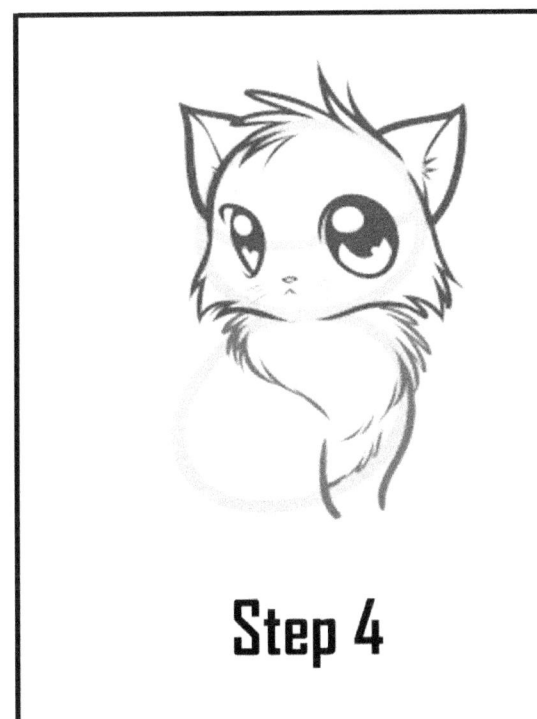

Step 4

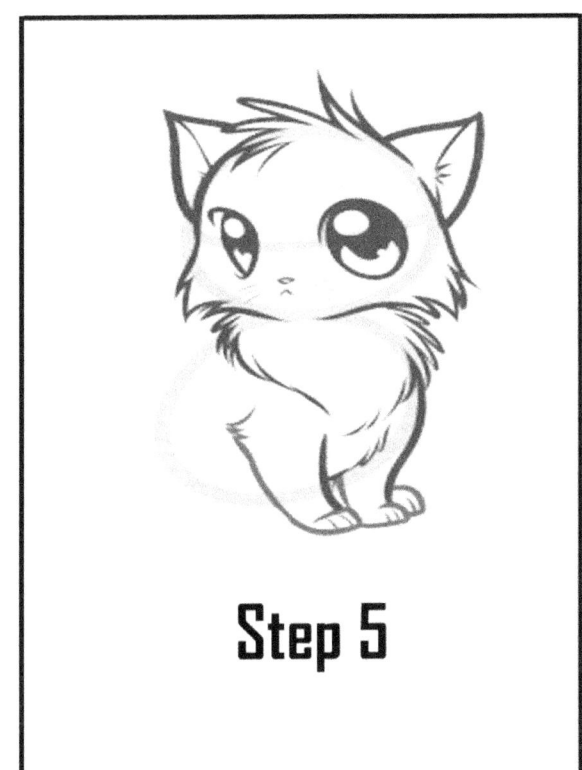

Step 5

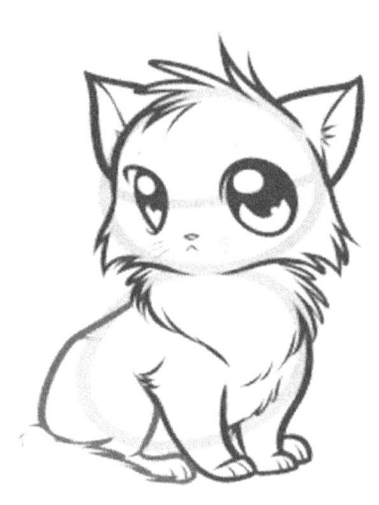

Step 6

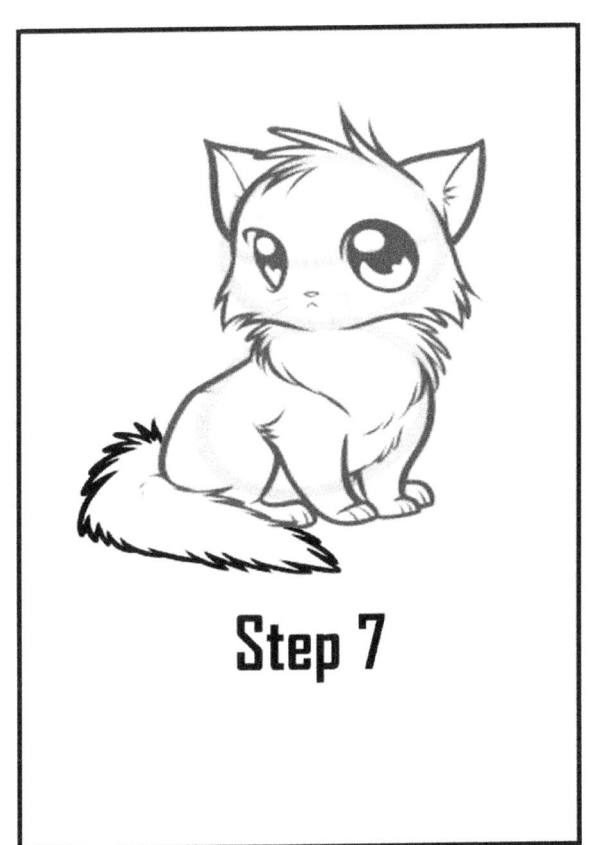

Step 7

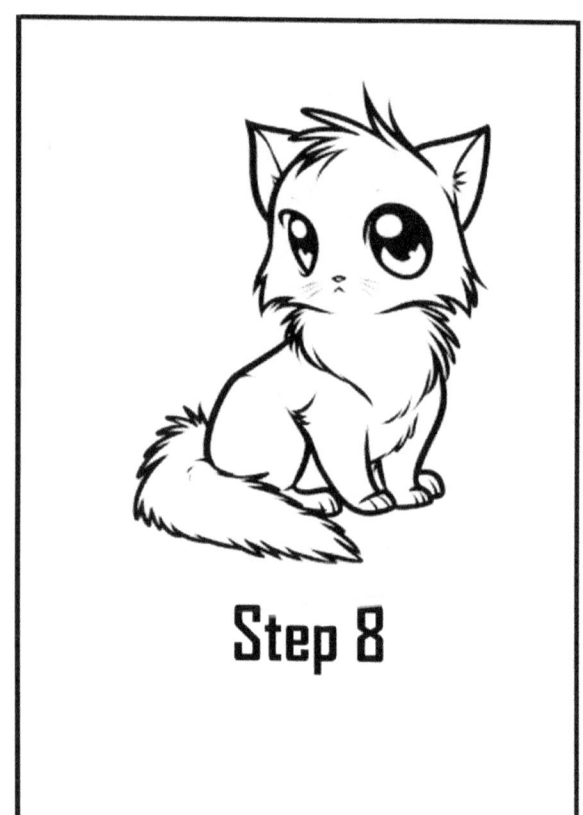

Step 8

Lucky Cat

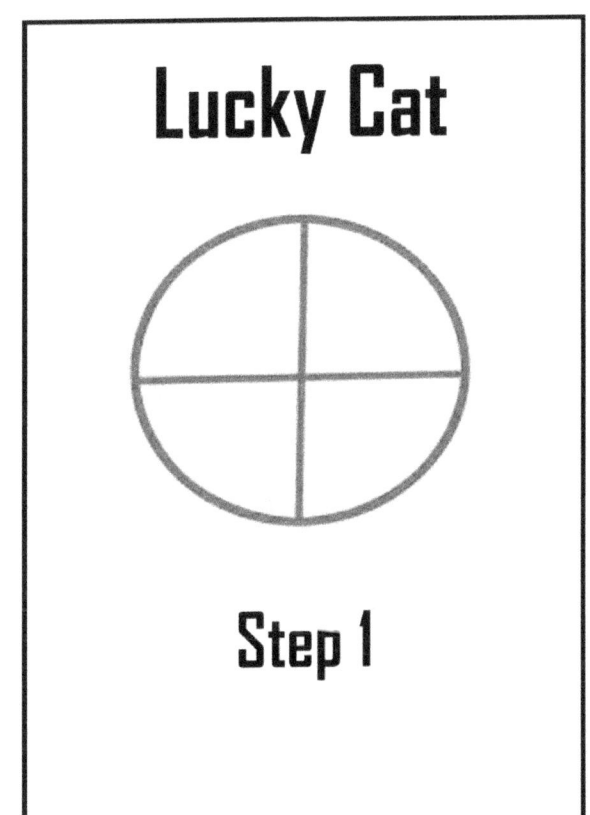

Step 1

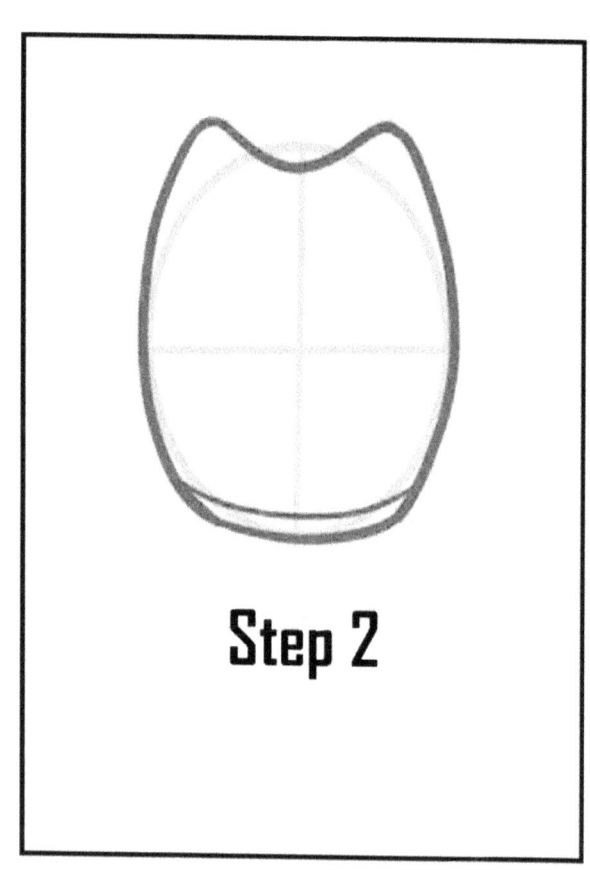

Step 2

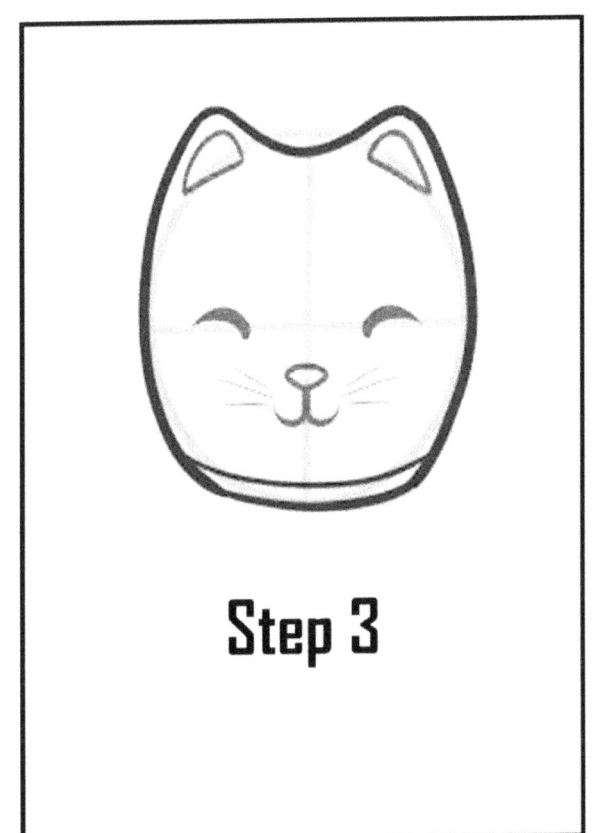

Step 3

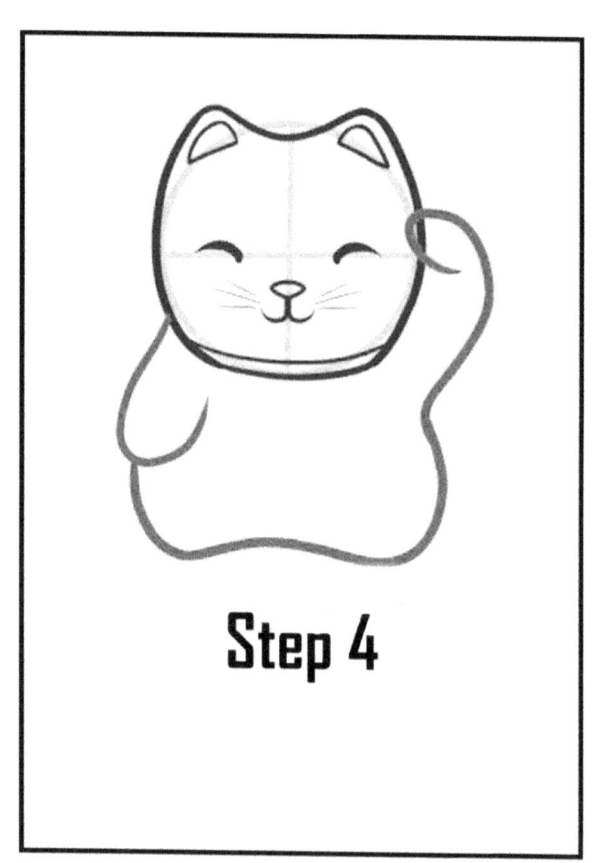

Step 4

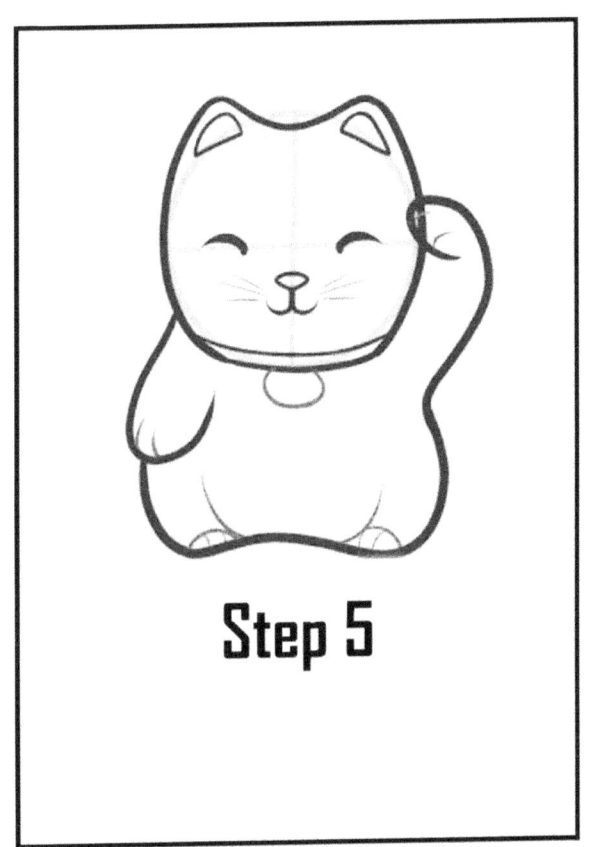

Step 5

Ninja Cat

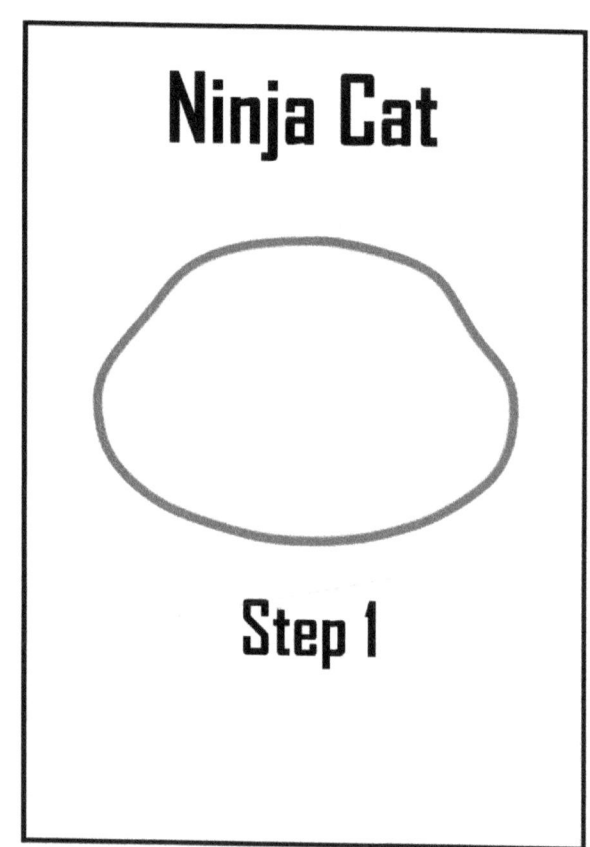

Step 1

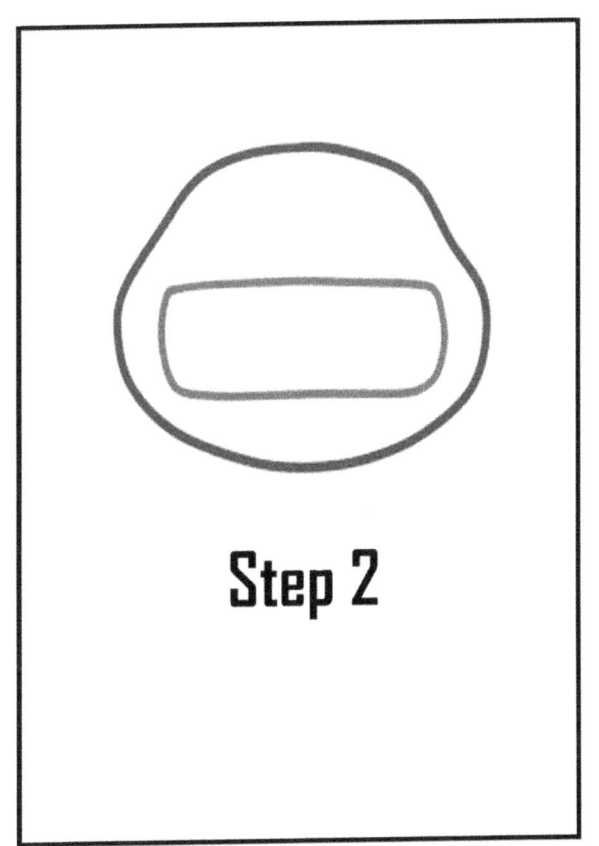

Step 2

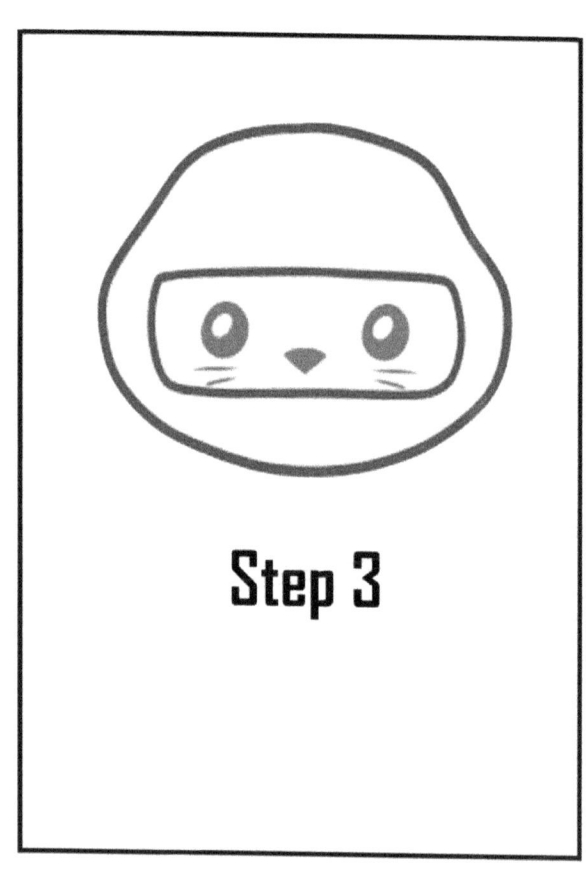

Step 3

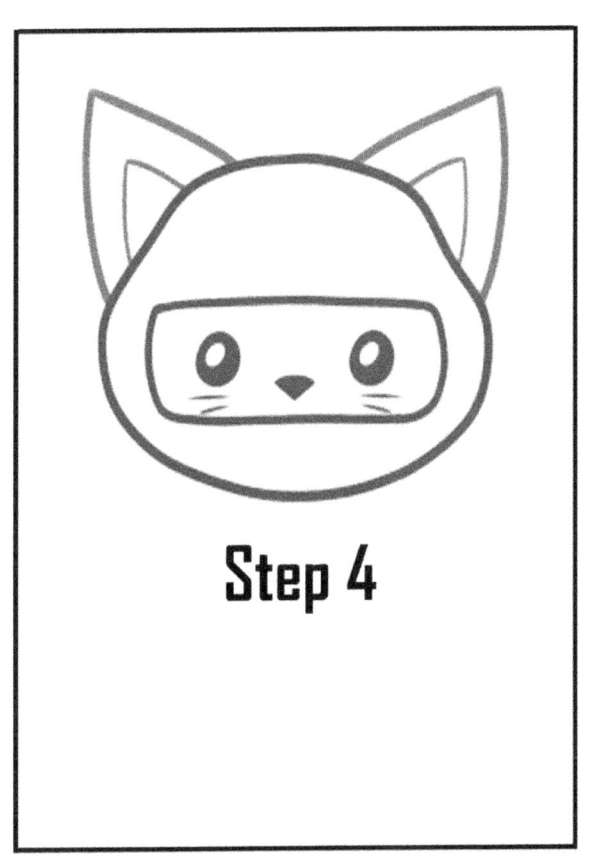

Step 4

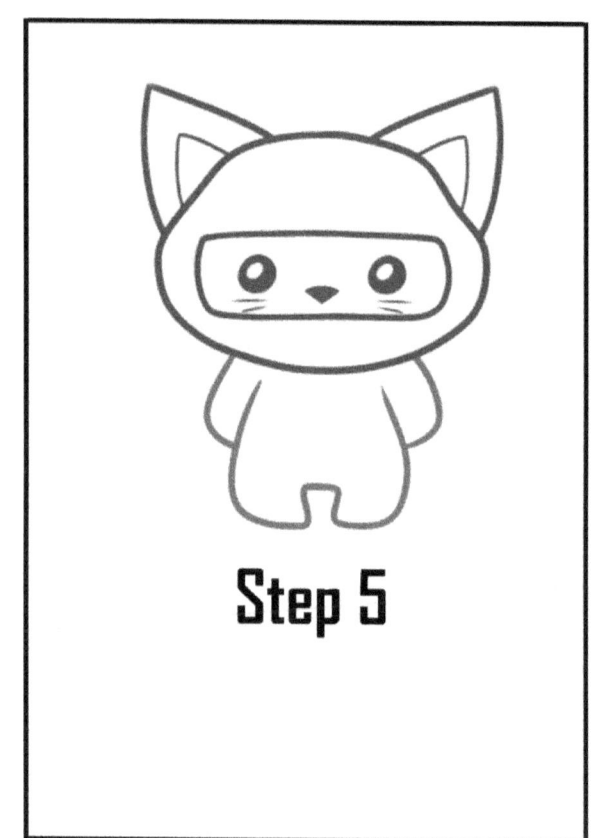

Step 5

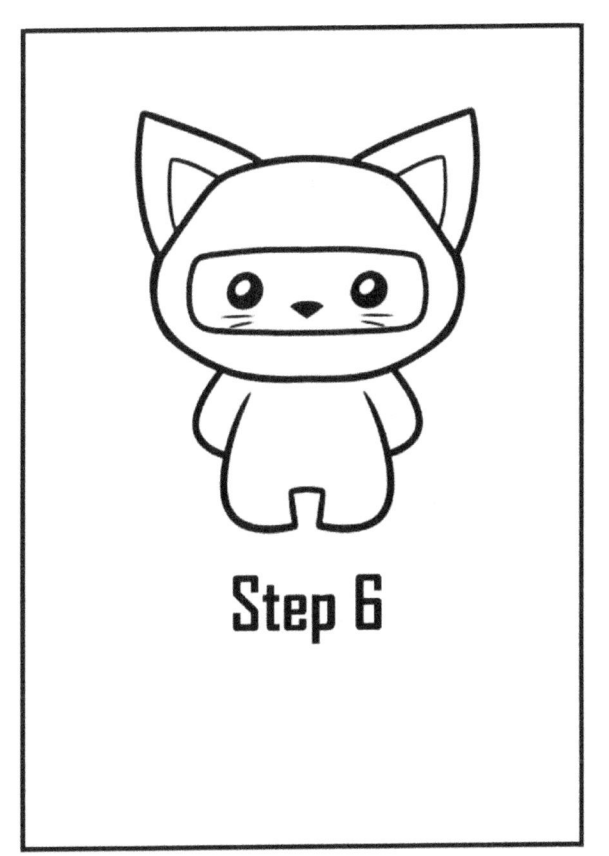

Step 6

Sleeping Cat

Step 1

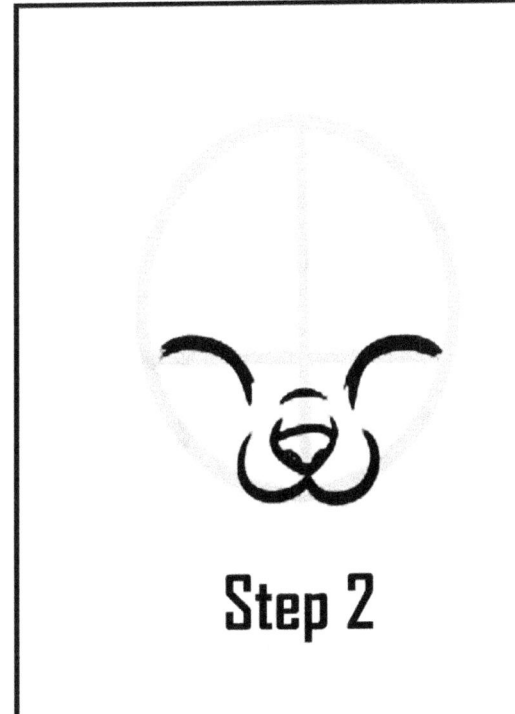

Step 2

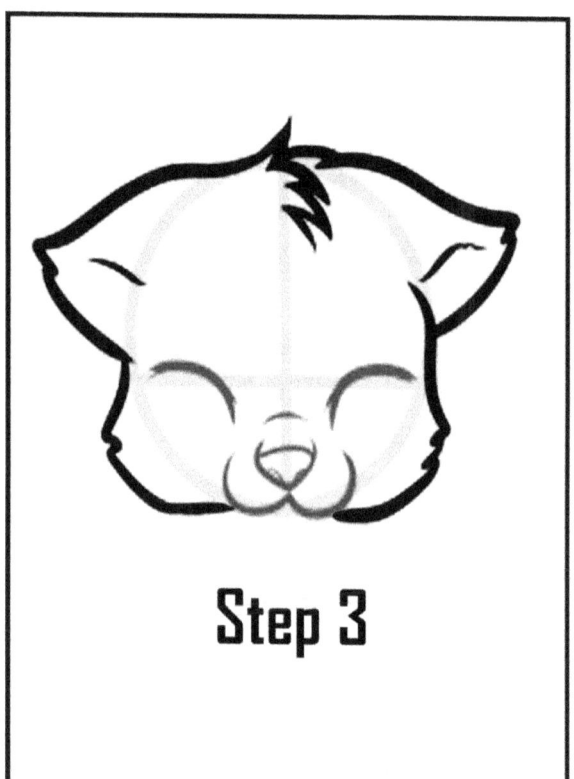

Step 3

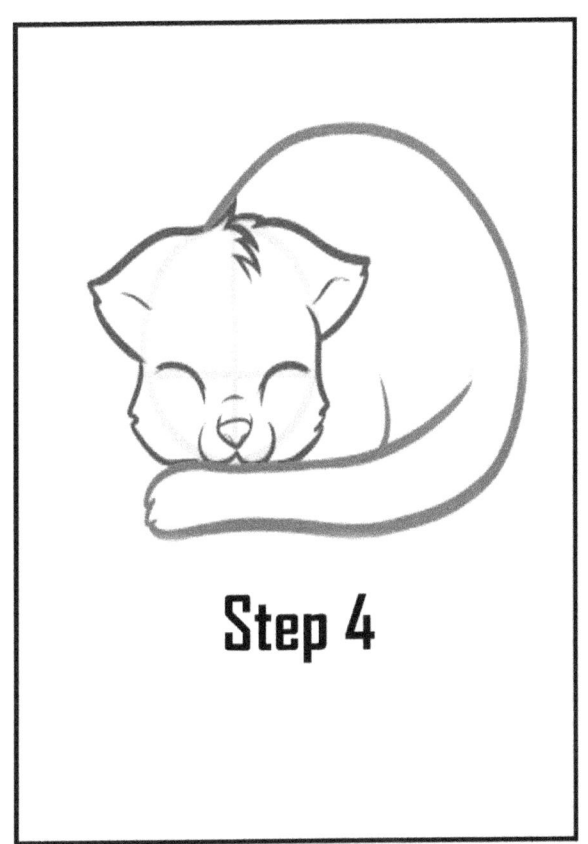

Step 4

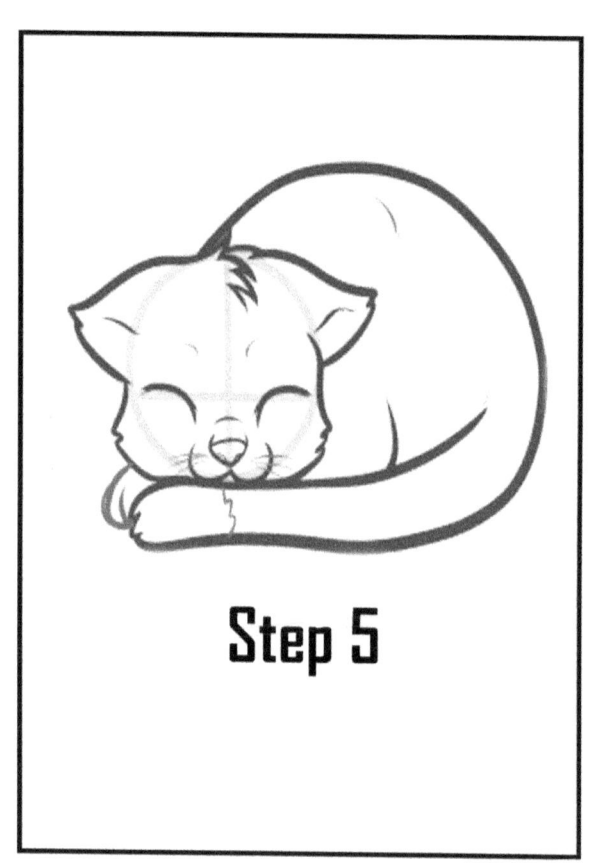

Step 5

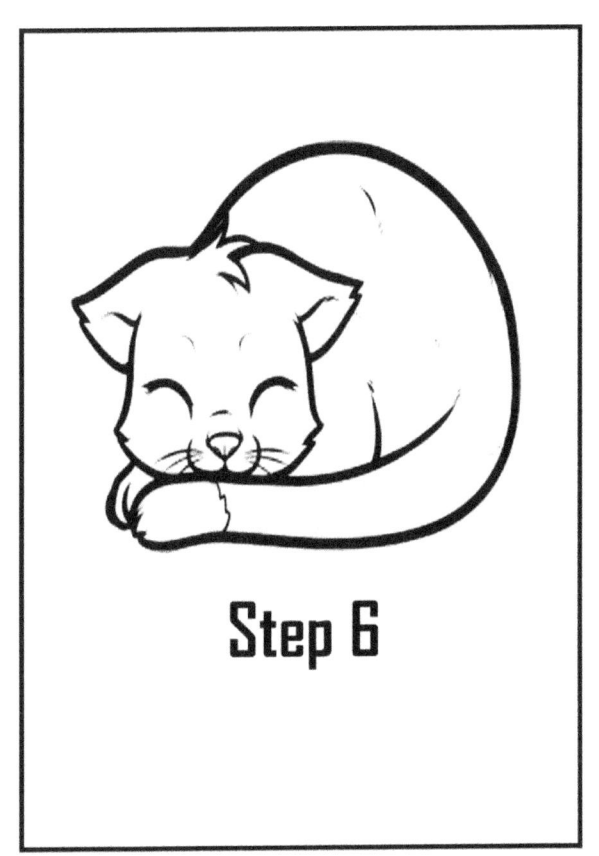

Step 6